DER ZAUBER ROMS

HERRLICHE BILDER ERZÄHLEN DIE EWIGE STADT

© 2002 LOZZI ROMA S.A.S.
DER ZAUBER ROMS

Alle Rechte vorbehalten.
Kein Teil des Buches darf ohne ausdrückliche
Genehmigung des Verlags nachgedruckt und auf magneti-
schen oder elektronischen Systemen gespeichert werden.

Verlag und Redaktion:

LOZZI ROMA s.a.s.

Via Filippo Nicolai, 91 - 00136 Rom

Tel. (+39) 06 35497051 - Fax (+39) 06 35497074

Web: www.lozziroma.com

E-mail: lozziroma@tiscalinet.it

Photolithographie und Druck:

Tipocrom s.r.l. - CSC Grafica s.r.l.

Via G.G. Arrivabene, 40 - 00159 Roma

Tel. (+39) 06 4382592 - Fax (+39) 06 4381885

info@cscgrafica.com - www.cscgrafica.com

Fotos:

Fotoarchiv der Lozzi Roma s.a.s.

Fotoarchiv der Millenium s.r.l.

Fotoarchiv der Bauhütte der Peterskirche

Fotoarchiv der Päpstlichen Museen und Galerien

ROLO BANCA 1473

DER ZAUBER ROMS

Jede Stadt hat ihren Duft, ihre Farbe, eine Synthese, die sie von allen anderen unterscheidet und sie in den Erinnerungen – oder Träumen – dessen leben lässt, der ihr fern ist; dies ist ihr Charme, ein Zauber, in dem sie sich ausdrückt und sich zusammenfasst, in dem sie zuinnerst sich selbst ist. Und wie auf der Erde keine Stadt der anderen gleicht, so verschieden sind ihre Bouquets, ihre Sehnsüchte und Gefühle, die Klänge, die uns von ihnen sprechen.

Jede Stadt hat ihre Poesie, ihre Symphonie; und wenn Gershwin mit seinem Klangobjektiv den Rhythmus New Yorks und die Verve von Paris festgehalten hat, so hat keiner wie Respighi so unverwechselbar die Seele Roms eingefangen: wer schon allein diese Noten erfasst hat, hat sich bereits einen Teil seines Zaubers erschlossen.

Rom war von jeher das große Ziel des internationalen Tourismus; sein Anklang ist über jeden Zweifel erhaben, und seine Anziehungskraft, die es von jeher auf die Fremden, Reisenden und Künstler ausgeübt hat, ist stark. Goethe, Mendelssohn, Shelley, Browning, Wagner, Ruskin, Chateaubriand... sind nichts anderes als ein paar berühmte Namen unter tausenden berühmter Gäste.

Doch unter den Städten unserer Zeit ist Rom gewiss keine Diva wie etwa New York oder Paris, denen es weder an Glanz noch Prestige ebenbürtig ist; weder an großartigen Perspektiven noch Großzügigkeit. Es ist auch nicht einmal eine Stadt unter modernen Gesichtspunkten und weit davon entfernt, eine Metropole zu sein. Was ist also – in unseren Tagen – das Geheimnis seiner unveränderten Anziehungskraft, seines starken Reizes? Gewiss zum Teil seine zahlreichen Museen, die zu den reichsten der Welt zählen – aber eine Stadt besteht nicht nur aus Museen: es gibt das Ambiente, die Menschen, das Leben, das sich hier entfaltet ...

Vielleicht ist gerade dies seine Größe; die menschlichere Größe einer Stadt, die weder erschreckt noch bedrückt, da es, auch wenn es die flächenmäßig größte Altstadt Europas hat, nicht riesengroß ist. Eine Stadt zum Genießen, nicht zum Ertragen, wo alles leichter erreichbar und konzentrierter ist und in der sich der Mensch nicht entfremdet fühlt.

Sein Zauber ist ein ferner, ruhiger Zauber, ein wegen des gewiss langsamen Fließens der Zeit träger Zauber, der es uns erlaubt, wenigstens seine Schönheiten zu genießen. Ein fortwährender Ruf der Vergangenheit aus antiken, verwitterten Steinen und tiefer Stille, die die eitle Alltäglichkeit mit ihren nichtigen Geräuschen des üblichen Verkehrs vergeblich zu erschüttern sucht. Ein Zauber, der bereits die Legende einer Stadt ist, in der man trotz allem noch immer auf den Stendhal lieben Rundgängen bummeln oder sich wie der Romantiker Kaets an ideale und entrückte Orte wie den Palatin zurückziehen kann, unter die erhabenen Ruinen, die goldne Jahrhunderte vorüberziehen sahen und heute gleichmütig dem Ringelreihen der Autos und Motorräder so beiwohnen, wie ein stolzer Riese einen Schwarm lächerlicher Insekten betrachten würde.

In dieser Stadt, die man in drei Tagen sehen, aber erst in drei Jahren kennen lernen kann, sind alle Stile, Epochen und bedeutenden Strömungen der Kunst vertreten. Doch ist es ebenso kostbar, ihre Atmosphäre, die römische Luft zu leben, ihr mildes Klima zu genießen, den wolkigen Himmel, der sich über dem unverwechselbaren und vielgestalten Panorama ihrer Kirchen und rosa-rötlichen Dächer öffnet, die Nachmittage an den Ufern des Tibers, die Sonnenuntergänge vom Pincio aus und die angenehmen römischen Nächte. Man wird dieses warmen und glücklichen Lebens einer Eidechse an der Sonne, eines so kontrastreichen Lebens nie müde; man fühlt sich allein und gleichzeitig in Gesellschaft – weil es hier Weite ohne Wüste und Höhe ohne Berge gibt.

Rom ist noch weitgehend eine individualistische Stadt, in der sich ein geschliffener Geist weder als "Masse" noch als Zahl, sondern nur als Mensch fühlt. Hier gibt es noch die heute seltene Freude der Phantasie, die ihm dies gestattet – und hier ist für den, der es wagt, die Zeit, sie zu genießen.

Viele Menschen, viele Kleider; und viele Kleider, ebenso viele Charaktere! Man könnte stundenlang ohne Langeweile und vor allem mit Muße spazieren gehen – denn die Zeit löst sich auf und versinkt in dreitausend Jahren Geschichte.

Nichts ist besser, als sich diese Stadt zu Fuß zu erschließen. Dies ist die klügste Entscheidung für den, der die Zeit dazu hat, in einer Hauptstadt ohne gewaltige Verkehrsadern und ohne ein ausgedehntes U-Bahnnetz, in der das Auto ein Fieber ist, das jeden Tag mehr Hirne einnebelt.

In Rom kann man nicht drinnen bleiben: es ist eine Stadt, die dazu einlädt, ins Freie zu gehen und auf abgeschiedenen Plätzen oder in reichen Innenhöfen zu verweilen, wo kristallklare Wasserstrahlen fortwährend in der frischen Eleganz schön verzierter Brunnen oder bemooster Nischen funkeln; sich in der Fülle eines sonnigen Tages der Jahreszeiten seiner Gärten und der stets sich verändernden Farbtöne ihrer Gebäude erfreuen – wo sich das Ocker, Rosanuancen, Alt- und Goldgelb mit jeder Stunde und mit dem Licht verändern und am Abend im starken Rot des Sonnenuntergangs abschatten.

Wer in den ruhigen Stunden des frühen Nachmittags Spaziergänge durch das Zentrum Roms macht, dem werden schnell unter anderen vielleicht weniger blauen Himmeln lang geträumte Phantasien zu neuem Leben erwachen. Sicher, nicht alle genießen diese Stadt so; aber der Tourist kann es, er ist König, er ist frei, ohne hindernde Bindungen und Fesseln, ohne Pflichten, Termine und sonstige Bürden dieser Art, er wird von der unbeschreiblichen Freude durchdrungen, sich lebendig und leicht zu fühlen und reich, weil die Zeit ihm ganz gehört wie ein Schatz, über den er allein nach seinem Gutdünken verfügt.

Wie die Reisenden damals, die in vergangenen Jahrhunderten hierher kamen, wird er fühlen, dass auch ihm Rom gehört, wie Byron in seinem Gedicht sang: "Oh Rome, my country, city of the soul!" Und er wird dann vor mit vor Ergriffenheit verschleierten Augen eine antike Stadt mit Kuppeln und seltenen Obelisken, mit prächtigen Statuen, herrlichen Brunnen und eindrucksvollen Ruinen in wechselnden Farben sehen, wo sich Heiliges und Profanes immerwährend in einer Unzahl versteinerter Heiliger und nackter heidnischer Gestalten, von Kreuzen und Trophäen, von Päpsten und wunderschönen Göttinnen kontrastieren.

In der alltäglichen Mannigfaltigkeit von Sakralem und Realem, zwischen Geist und Materie, was hier offensichtlicher ist als sonstwo, ist jeder Tag, der vergeht, noch Teil des Zaubers Roms, dieser einzigartigen Stadt, die die erstrebenswertesten Erinnerungen an sein riesiges Reich bewahrt, während sie innerhalb ihrer Mauern einen friedlichen und souveränen Staat umgibt und einschließt, den kleinsten Staat mit der größten Kirche der Welt.

ROM IM LAUFE DER JAHRHUNDERTE

Das Antike Rom

Die Überlieferung will, dass der erste König Romulus Rom 753 v.Chr. gegründet hat. Von der Gründung bis zum Untergang Roms nach den ersten Invasionen der Barbaren vergingen über tausend Jahre.

Die Spuren, die wir praktisch heute in jeder Ecke der Stadtmitte bewundern können, sind hauptsächlich Überreste der republikanischen Epoche, die mit der Vertreibung des letzten Königs Tarquinius Superbus (509 v.Chr.) begann und bis in die Kaiserzeit von Augustus (27 v. Chr.) und bis Romulus Augustulus (476 n.Chr.) reichte.

In über 2750jähriger Geschichte hat Rom überlagernde, vielleicht auch ungeordnete, aber homogene Veränderungen erfahren, die die Spuren der Zeit nicht ausgelöscht haben. Während einige Tempel des republikanischen Zeitalters im Bereich von Largo Torre Argentina oder in der Nähe vom Forum Boarium besucht werden können, finden wir die prachtvollen Bauten der kaiserlichen Epoche in der Gegend vom Forum Romanum, dem Palatinhügel, dem Forum Imperiale und um das unvergleichbare Colosseum herum. Auch die römische Kultur errang zu Beginn des kaiserlichen Zeitalters eine Blütezeit, die von Vergil, Horaz, Ovid und Titus Livius gezeichnet ist.

Unter künstlerischen und städtebaulichen Aspekten beginnt das Kaisertum zu dieser Zeit sich selbst zu verherrlichen. Dies sehen wir an den prächtigen Triumphbögen, den außerordentlichen Monumenten und den immer wieder zu bestaunenden Fori Imperiali, welche die Größe Roms und der Kaiser lobpreisen, die über das Leben hinaus durch die für sie errichteten prunkvollen Grabstätten vergöttert wurden.

Rom, *Caput mundi*, die Welthauptstadt, erreichte schon Ende des II. Jhh. eine Million Einwohner und erlebte seine höchste Blüte unter den Flavierkaisern, als das Colosseum, die Titus-Themen, Palazzo di Domiziano und das Stadio di Domiziano (die heutige Piazza Navona) und andere Bauten, die auch heute noch Verwunderung erregen, errichtet wurden.

Das christliche Rom

Es war der römische Kaiser Konstantin (4. Jahrh.), der mit dem Bau der ersten großen christlichen Basiliken, wie San Giovanni in Laterano, San Lorenzo fuori le Mura und vor allem der Peterskirche begann.

Im darauffolgenden Jahrhundert erwarb die Kirche Macht und Unabhängigkeit, um ihrerseits mit dem Bau von Basiliken zu beginnen, die inzwischen zu Kultstätten geworden waren. Aus dieser Zeit stammen die Basiliken Santa Maria Maggiore und San Paolo. Das Rom der Päpste wuchs, daher wurden bestehende Gebäude den Erfordernissen ihres Kultes angepasst, wofür große Mengen von Marmor, Metall und anderes Material verwendet wurde. Die Verherrlichung des geistigen und weltlichen Vorrangs der Kirche gab Rom eine städtebauliche Wiedergeburt, die in der mittelalterlichen Epoche und vor allem am Anfang des 15. Jahrh. voll zum Ausdruck kam.

Seitdem waren alle Päpste, wie Nikolaus V., der den Abriss der konstantinischen Peterskirche veranlasste, um eine neue zu errichten oder, wie Julius II., der der Auftraggeber für die Arbeiten an Michelangelo und Raffael war, bemüht die Erhabenheit ihres Pontifikats zu vergrößern.

Die auf dem Konzil von Trient im 16. Jahrh., nach der protestantischen Reformation entschiedene Umgestaltung führte zu neuem Aufschwung auch in der Kunst, wodurch die Behauptung der römischen Kirche bezweckt werden sollte. Kirchen, Plätze und Brunnen, die von Künstlern, wie Bernini, erbaut wurden, wurden ein Mittel, um das Image Roms wieder zu beleben und der Ausbreitung der protestantischen Doktrin entgegenzuwirken. Auch nach dem Ende der weltlichen Macht des Kirchenstaates (1870) und dem Rückzug des Papstes in die Vatikanstadt hat die Kirche weiterhin eine Rolle in der Stadt Rom gespielt und war stets gegenwärtig. Die Stadt und ihre Bewohner werden in die Vorbereitungen für das Jubeljahr 2000 mit einbezogen, wodurch noch einmal klar wird, wie untrennbar die Beziehung zwischen Kirche und Stadt Rom ist.

Vom Rom der Renaissance bis zum 19. Jahrhundert

Der ständige große Einfluss der Kirche an den europäischen Höfen ließ ab der zweiten Hälfte des 15. Jahrh. eine blühende urbanistische Wiedergeburt in Rom aufkommen. So entstanden bedeutende Adelspaläste, wie 1516 der des Kardinals Farnese (späterer Papst Paul III.), mit der Instandsetzung des Kapitols wurde 1536 Michekangelo von Paul III. betraut, es wurden Villen mit weitläufigen Gärten, Plätze, wie Campo de' Fiori und Piazza Farnese, Straßen, wie Via Giulia und, vor allem unter Papst Sixtus V. wurde ein neues Straßennetz, das die seit der römischen Kaiserzeit vernachlässigten Hügelbereiche verband, angelegt. Zur Zeit der prunkvollen barocken Bauten wurde der Kreativität und der Reichhaltigkeit für die dekorativen Elemente großer Spielraum gelassen, wenn auch die klassizistischen Formen Vorbild blieben. Die beiden berühmten Architekten des Barocks, Bernini und Borromini, gaben den Brunnen, Fassaden, Kirchen und Plätzen, wie dem imponenten Piazza Navona, neue Formen. Das 18. Jahrh. wurde durch die Entstehung bedeutender städtebaulicher Werke gekennzeichnet, 1732 wurde der Trevibrunnen und 1735 die Spanische Treppe erbaut. In den ersten Jahren des 19. Jahrh. geht der Barockstil unter und macht den einfacheren Formen des Neoklassizismus' Platz zusammen mit der in allen Formen wieder entdeckten klassischen Antike.

Der neoklassizistische Stil, der sich während der napoleonischen Besetzung Roms teilweise mit dem kaiserlichen Stil vereinte, ist von großer Bedeutung. Wir wollen nur einige Beispiele dazu anführen: die Bildhauerarbeiten von Canova, der Beginn der systematischen archäologischen Ausgrabungen, die Städteplanung von Valadier, wie die Neuanlegung von Piazza del Popolo und der Pincio-Anlage.

DAS ROM DER GEGENWART

Als 1870 Rom zur Hauptstadt des Königreichs Italien erklärt wurde, unterlag die Stadt radikalen Veränderungen. Mit der Verlegung des königlichen Hofes, des Parlaments und der Ministerien wuchs plötzlich die Bevölkerungszahl und erschütterte das ruhige Leben des päpstlichen Roms.

Nach dem Aufschwung zur Zeit des Risorgimento wurden ehrgeizige Projekte für die Hauptstadt des Königreichs in Augenschein genommen, doch die bürokratischen Schwierigkeiten und die folgenden Spekulationen verhinderten ein planmäßiges Vorhaben. Am Ende des 19. Jahrh. und in den ersten 10 Jahren des 20. Jahrh. wurden neue Bauwerke, wie das Vittorio Emanuele II.-Denkmal, eingeweiht, für deren Prunk Gebäude von unersetzlichem geschichtlichem und künstlerischem Wert weichen mussten. Bei der Errichtung des neuen Palazzo Montecitorio blieb wenigstens die Fassade, ein Werk von Bernini aus dem 17. Jahrh., erhalten, Piazza della Repubblica und wichtige Straßen, wie Via XX Settembre, wurden an Stelle alter Anlagen angelegt.

Der vorrangige Stil dieser Zeit war der neorinascimentale, der mit dem Jugendstil und dem unvergänglichen neoklassizistischen Stil einherging. Es entstanden neue Stadtviertel, wie der Bezirk Ludovisi mit der berühmten Via Veneto an Stelle des wunderschönen gleichnamigen Parks.

Danach war es das Bestreben des faschistischen Regimes (1922-43) die Architektur nach dem Vorbild des alten kaiserlichen Roms zu gestalten. Während dieser Zeit wurden ebenfalls antike mittelalterliche Stadtteile niedergerissen, um für die Straßen, wie Via dei Fori Imperiali und Via della Conciliazione, Platz zu schaffen. In der gleichen Zeit wurden die Richtlinien für eine städtebauliche Expansion der Hauptstadt nach dem Meer zu festgelegt; in diesem Zusammenhang entstand das große Stadtviertel EUR.

Es scheint, als würde dem undisziplinierten urbanistischen Wachstum der 50er und 60er Jahre Einhalt geboten und dem Stadtbild wieder größere Beachtung geschenkt. Wichtige Initiativen, die Kunstschätze, die archäologischen Schätze, die Stadt und ihre Bewohner zu erschließen und zu erhalten, werden getroffen, allerdings dürfte es schwierig sein, die strukturellen Eingriffe mit der 3000jährigen Geschichte Roms in Einklang zu bringen.

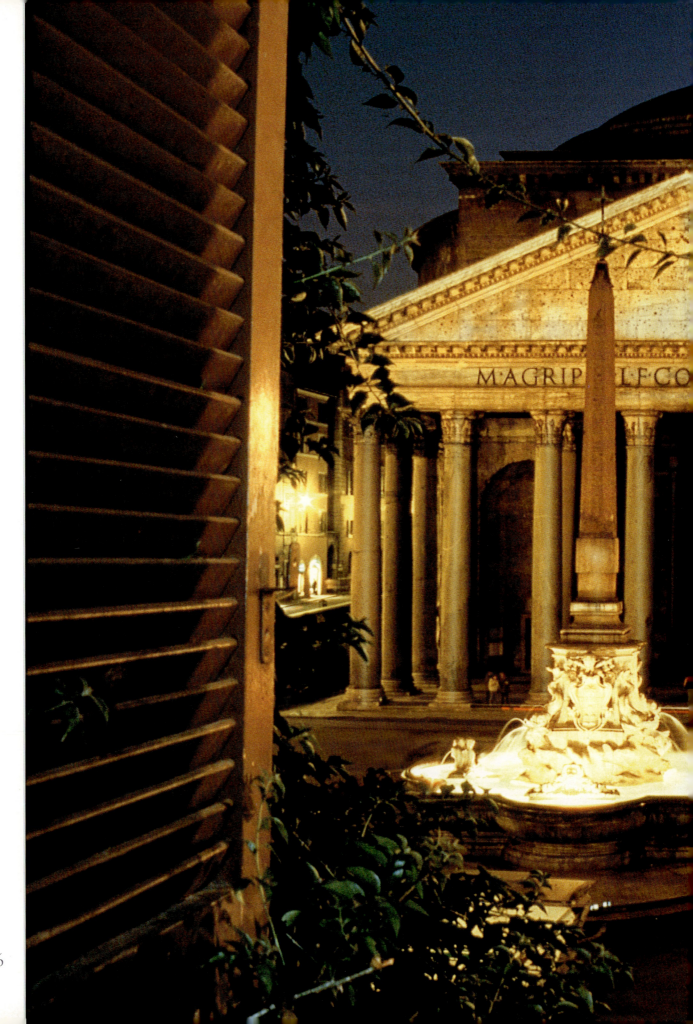

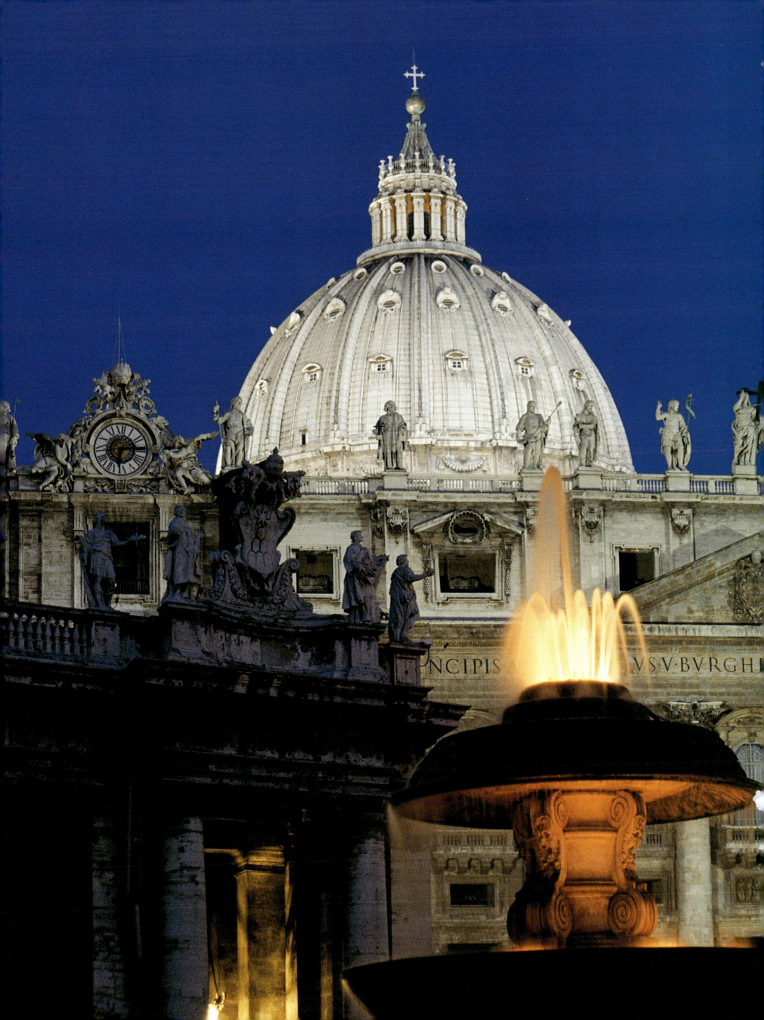

49

50   51 ⇨

BESCHREIBUNGEN DER BILDER

1 - Stimmungsvoller Sonnenuntergang auf dem Petersplatz. Wenige Länder der Welt haben ein solches Vestibulum wie es der Petersplatz ist; dieser Zugang vermittelt dem Besucher Unbeschwertheit und Ausgeglichenheit.

2 – Die Via Sacra. Leuchtende Säulen beim Titus-Bogen, die sich wie die Saiten einer Harfe zum Himmel recken, und von der Zeit geschliffene antike Straßensteine. Jahrhunderte alte Steinblöcke, auf denen die siegreichen Legionen aus den verschiedenen Provinzen des Reiches marschierten und die Räder der Quadrigen rollten, erzählen noch heute lange Geschichten und Legenden aus untergegangenen Zeiten.

3 - Das Forum Romanum. Mittelpunkt des gesellschaftlichen und wirtschaftlichen Lebens Roms in republikanischer Zeit und diese hervorragende Rolle bewahrte es auch in der Kaiserzeit. Das Forum war von der zum kapitolinischen Hügel hinaufführenden Via Sacra durchzogen, die die siegreichen Feldherren bei ihren Triumphzügen, von Karren mit der Kriegsbeute und von Scharen Gefangener gefolgt, entlangfuhren.

4 – Das Forum Romanum. Weiße Überreste von Tempeln, Basiliken und marmorverkleideten Gebäuden im prächtigen Durcheinander des Forums erinnern an den antiken Glanz, der zehn Jahrhunderte lang im Mittelpunkt einer Stadt herrschte, die oft über das Schicksal der Welt entscheidet.

5 - Das Forum Romanum. Der Saturntempel (links) wurde von Konsul Titus Larcius am 17. Dezember 498 v. Chr. eingeweiht und diente immer als Aufbewahrungsort für den Staatsschatz. Hier wurden auch die Standarten der Legionen und die Verordnungen des Senats aufbewahrt. In einem unterirdischen Gewölbe wurden geheiligte Schätze verwahrt, darunter das Gold, das Brennus als Lösegeld gegeben werden musste und ihm durch die Tapferkeit des Camillus wieder entrissen wurde.

Der Tempel des Vespasian (rechts) wurde von seinem Sohn Domitian i. J. 94 errichtet und von Septimius Severus instandgesetzt.

6 - Der Triumphbogen des Konstantin wurde vom Senat und vom römischen Volk am Ende des Forums an der Via Sacra errichtet zur Erinnerung an den Sieg Konstantins über Maxentius an der Milvischen Brücke im Jahr 312. Fast das ganze Material dazu wurde von den Triumphbögen des Trajan und des Mark Aurel genommen.

7, 8, 9, 10, 11, 13 - Das Colosseum. Dieses riesige Amphitheater, dessen gewaltige Reste immer noch seinen alten Glanz ahnen lassen, wurde von Vespasian im Jahr 72 n. Chr. begonnen und von seinem Sohn Titus im Jahr 80 vollendet. Jüdische Gefangene wurden zu den Bauarbeiten herangezogen. Sein wahrer Name ist Amphitheater der Flavier, aber gewöhnlich wurde es das Colosseum genannt, sowohl ob seiner Größe als auch wegen Neros Koloss, der hier in der Nähe stand.

Das Colosseum. Aber das Hauptvergnügen der Römer waren die Zirkusspiele (*ludi circenses*), die vermutlich gegen Ende der republikanischen Zeit ins Leben gerufen wurden, um im römischen Volk den Kampfgeist anzuregen und wachzuhalten, der es zum Herrn der Welt gemacht hatte. Besonders beliebt waren die Gladiatorenkämpfe. Die Gladiatoren wurden darin geübt, sich gegenseitig zu töten, während wilde Tiere jeder Art die Greuel der Spiele erhöhten. Cassius Dio berichtet, dass 9000 wilde Tiere in den hundert Festtagen getötet wurden, während denen das Bauwerk seiner Bestimmung übergeben wurde.

Nach Beendigung der Tierjagden wurde die Arena, dank einer unterirdischen Anlage, oft rasch mit Wasser gefüllt, und es wurden Seeschlachten abgehalten.

Das ellipsenförmige Colosseum maß in seinem längsten Durchmesser 187 m, in seinem kürzesten 155 m. Die äußere Wand setzte sich aus drei Rängen übereinanderliegender Arkadenreihen zusammen mit dorischen im ersten, jonischen im zweiten und korinthischen Säulen im dritten Rang. Darüber bestand noch ein viertes Stockwerk, das durch korinthische Lisenen geschmückt war. Der Zutritt von außen wurde durch 80 Bogen gestattet, von denen jeweils vier auf einen großen, rundherumlaufenden Gang führten. Der Ehrenaufgang war dem Kaiser vorbehalten, dessen Platz sich in der Mitte einer Seite des Podiums befand. Der Platz des Kaisers hieß Suggestum. Rings darum waren die Plätze der Senatoren und der Mitglieder des kaiserlichen Hauses. Dann folgten die Plätze der Ritter und der Zivil- und Militärtribunen. Nach Plätzen gesondert saßen Eheleute, Jugendliche in Begleitung ihrer Erzieher, Familien und ihre Diener, Frauen und schließlich das niedere Volk.

Das Colosseum war gewöhnlich nicht bedeckt, aber bei schlechtem Wetter und bei der Hitze der Hundstage wurden die Zuschauer durch ein riesiges Zeltdach geschützt, zu dessen Bedienung zwei Abteilungen Matrosen von der Flotte von Ravenna und der des Kap Misenus nach Rom abkommandiert wurden. Diese Abteilungen nahmen auch an den Seeschlachten teil, die jedoch bald in extra dafür angelegte Becken in der Nähe des Tibers ausgetragen wurden. Berühmt unter ihnen war die «Naumachia vaticana», die von Domitian, dem wir die Fertigstellung des Colosseums verdanken, abgehalten wurde. Als das Amphitheater der Flavier auf der Höhe seiner Herrlichkeit stand, musste es sicherlich ein imposantes Schauspiel römischer Größe abgegeben haben. Aber noch heute, nach vielen Jahrhunderten, ist das Colosseum der Stolz Roms und Gegenstand der Bewunderung des Besuchers.

12 - Die Antonina- oder Marc Aurel-Säule. Ihre spiralenförmig angelegten Ornamente erzählen von den Kämpfen Marc Aurels gegen die Marcomannen, Quaden und Sarmaten. Sie wurde 193 n.Chr. zu Ehren Marc Aurels und dessen Adoptivvaters Antonius Pius, 138-161 n.Chr., römischer Kaiser, errichtet.

14 - Luftansicht der Tiberinsel. Auf den Ruinen des berühmten Äskulaptempels, der dem griechischen Gott der Ärztekunst geweiht war und zu dem Kranke Wallfahrten unternahmen, erhebt sich jetzt die Kirche San Bartolomeo.
Die 62 v. Chr. erbaute Fabriciusbrücke (Brücke der vier Köpfe) ist uns fast vollständig erhalten geblieben und verbindet, mit der Cestiusbrücke (46 v. Chr.) zusammen, die Tiberinsel mit der Stadt.

15

15 - Die noch sehr gut erhaltenen **Trajan-Markthallen** liegen zwischen dem Forum Trajanum und den letzten Ausläufern des Quirinalhügels, die unteren drei Geschosse setzen sich aus einem Halbkreis zusammen, im oberen befindet sich u.a. ein großer einer Basilika ähnelnder Saal.

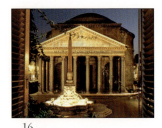
16

16 - Das **Pantheon**, Ruhmesstätte Roms, ist das am besten erhaltene antike Bauwerk Roms. Die Inschrift am Gesims der Säulenhalle «M. Agrippa L. F. Cos. tertium fecit» bezieht sich auf einen von Agrippa im Jahr 27 v. Chr. errichteten Tempel der Schutzgötter der Familie Julia. Lange Zeit glaubte man, das Pantheon sei, so wie es heute ist, dieser Tempel des Agrippa. Dieser wurde jedoch beim großen Brand 80 n. Chr. zerstört und unter Hadrian wieder neu aufgebaut.

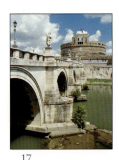
17

17, 18 - Die **Engelsburg.** Artemisia, die Königin von Halikarnass und Gattin des Königs Mausolus, erlangte Unsterblichkeit durch das prächtige Grabmal für ihren Gatten, eines der Weltwunder. Es wurde nach ihm Mausoleum genannt, und der Name wurde daraufhin für alle Gräber großen Ausmaßes verwendet. Das Mausoleum Hadrians übertraf an Größe und Pracht jedes andere Grabmal.

Die Geschichte des Grabmals Hadrians geht Hand in Hand mit der Geschichte Roms. Es sah alle Kämpfe und Intrigen des Mittelalters, die Prachtentfaltung des päpstlichen Hofes in der Renaissance, die Schrecken der Plünderung Roms 1527, den wütenden Beschuss mehrerer Belagerungen und die harmloseren Feuer festlicher Beleuchtungen.

Die Umwandlung in eine Burg erfolgte wahrscheinlich im 10. Jahrh., als es in Besitz von Alberico und seiner Mutter Marozia kam. Darauf erwarb es die Familie Crescenzi, und 1277 wurde es von Nikolaus III. besetzt, der es mittels des bekannten Passetto (Laufgang) mit dem Vatikan verband.

18

19

19 – Der herrliche auf dem Quirinal gegenüber dem prächtigen Palast, dem Sitz des italienischen Staatspräsidenten, errichtete **ägyptische Obelisk** zwischen den zwei Kolossalfiguren der Rossebändiger aus römischer Zeit bildet mit dem vorgelagerten Granitbecken ein Ganzes von großartiger szenischer Wirkung.

20 - **Via Appia Antica** ist eine römische Straße, die mehr als alle anderen interessante archäologische und künstlerische Schätze aufweist und ein einzigartiges Landschaftsbild bietet; sie wurde "Regina viarum" genannt und 312 v.Chr. von Appius Claudius angelegt.

21 - Ein malerischer **römischer Sonnenuntergang** mit den für die Stadt charakteristischen Kuppeln.
Im Vordergrund die der Kirche San Carlo al Corso und hinten die Kuppel Michelangelos der Peterskirche.

22 - **Piazza Santa Maria in Trastevere** mit der gleichnamigen Kirche und dem Glockenturm im romanischen Stil, im Vordergrund der Brunnen aus dem 15. Jahrh. mit antikem Becken

23 - Die **Basilika des Hl. Clemens** ist aus künstlerischer und archäologischer Sicht eine der interessantesten Kirchen Roms. Aber den eigentlichen Ruhm dieser Basilika macht das Mosaik in der Apsis aus, das in wunderbarem Zusammenklang von christlichen und heidnischen Bildelementen die Szene der Erlösung darstellt. Dieses Werk römischer Schule stammt aus dem 12. Jahrh.

24 - Die Kirche **Santa Maria in Cosmedin**, ein Kleinod des mittelalterlichen Roms, entstand auf den Ruinen eines Tempels, vielleicht dem des Herkules. Der eindrucksvolle, doch strenge Innenraum vermittelt uns eine klare Vorstellung einer Urkirche (8. Jahrh.). Der romanische Campanile aus dem 12. Jahrh. ist einer der schönsten dieser Art in Rom. Links in der Säulenhalle ist eine Marmormaske erhalten, die sogenannte Bocca della Verità (Mund der Wahrheit).

25

26

27

28

29

30

25, 26, 27, 28, 29, 30, 31 - Wir stehen jetzt auf dem Petersplatz, an dem sich der größte Tempel der Christenheit, die **Vatikanische Basilika**, erhebt.

Der Platz ist einzigartig auf der Welt. Das Ganze wird von der großartigen und eindrucksvollen *Kuppel Michelangelos* beherrscht. Strahlend erhebt sie sich in den Himmel, und die graublaue Färbung ihres Gewölbes geht in die Farbe des Himmelsgewölbes über.

Als Michelangelos Genie sie ersann, muß er von einem Sinn des Absoluten und Unendlichen durchdrungen gewesen sein, der Gemüt und Verstand jedes Betrachters in Erstaunen versetzt. Der Bau der Kuppel verlief jedoch nicht ohne Probleme und Hindernisse.

Michelangelo begann mit ihrer Konstruktion, als er bereits im fortgeschrittenem Alter war (nach 1546), so dass bei seinem Tod (1564) nur der Tambour der Kuppel fertig war. Fertiggestellt wurde sie dann in den Jahren 1588 und 1589 von Giacomo della Porta und Domenico Fontana.

Der Säulengang ist die schönste Arbeit Berninis und ein feierlicher Eingang zur Peterskirche und zum Vatikan. Die beiden großen, halbkreisförmig geöffneten Flügel sind wie zwei ausgestreckte Arme der Kirche, um mit einer allumfassenden Umarmung die gesamte Menschheit in sich aufzunehmen. Bernini mag in anderen seiner Arbeiten übertrieben erscheinen, aber mit diesem Säulengang hat er die ganze Größe seines Genies geoffenbart. Er hat auch die zahlreichen Statuen (140), die den Gang schmücken, entworfen und mit seinen Schülern ausgeführt.

Die Aufrichtung des *Obelisken* (Foto 30), der aus dem nahegelegenen, bereits zerfallenen Circus des Nero hertransportiert worden war, rief unter dem Volk Erstaunen und Begeisterung hervor. Nach Beratungen mit vielen Baumeistern übertrug Sixtus V. die Arbeit schließlich Domenico Fontana. Sie wurde am 3. April 1586 in Angriff genommen. Von den beiden Brunnen wurde der rechte 1613 von Maderno, der linke 1677 von Carlo Fontana entworfen. Sie harmonieren perfekt mit dem riesigen Platz.

Die Fassade der Basilika wurde nach einem Plan von Maderno (1607-1614) erbaut. Mit mächtigen Buchstaben ist darauf Name und Titel von Paul V. aus der Familie Borghese zu lesen.

Der Hauptaltar unter der Kuppel Michelangelos erhebt sich über dem Grab des Hl. Petrus. Es konnte nach Ausgrabungen in den 50er und 60er Jahren bestimmt werden. 95 Lampen brennen davor Tag und Nacht; gegenüber die Confessione von Maderno, die mit Marmorintarsien reich geschmückt ist. Über dem Altar erhebt sich der riesige *Baldachin* von Bernini (Foto 26), der von vier gewundenen Säulen getragen wird. Sie wurden aus der dem Pantheon entnommenen Bronze gegossen.

Aber das Herrlichste des Grabes des demütigen Fischers aus Galiläa ist die sich dem Himmel entgegenreckende Kuppel, über der man die vielstimmigen Chöre der Engel und der Seligen, die den Thron des Höchsten umgeben, zu vernehmen glaubt.

Der Innenraum der Basilika weist eine Länge von 186,36 m auf. Das Gewölbe ist 44 m hoch. Die Kuppel erreicht im Innern die Höhe von 119 m; die Laterne ist weitere 17 m hoch. Der Umfang eines jeden der vier Stützpfeiler, die die Kuppel tragen, beträgt 71 m.

32 – Die Vatikanischen Museen sind aufgrund ihrer Reichhaltigkeit und des Wertes der Meisterwerke, die im Laufe der Jahrhunderte durch die verschiedenen Päpste hier zusammengetragen wurden, sowie aufgrund der prunkvollen Räume, in denen sie aufbewahrt werden, ein Museumskomplex von einzigartiger Bedeutung.

Unter den gesammelten Werken die Laokoon-Gruppe, eine Arbeit aus dem 1.Jahrh. n.Chr., die 1506 in den Überresten der Titus-Thermen gefunden wurde.

33 - Die Sixtinische Kapelle wurde 1535 im Auftrag Papst Paul III. begonnen und 1541 fertiggestellt.

Dreihundert Gestalten beleben eine aufgrund ihrer Klarheit und Konsequenz im Bildaufbau erstaunliche Zeichnung, wodurch der Raum eine echte Architektur der Figuren darstellt. Das großartige Szenario wird von der Figur des unbarmherzigen Richters Christus beherrscht, dessen rechter Arm zur Verdammnis erhoben ist.

34 - St. Johann im Lateran. Die Stammkirche Roms, wurde von Kaiser Konstantin unter dem Namen Basilika des Erlösers gegründet. Dies geschah im Pontifikat des Hl. Sylvester (314-335). Die Kirche wurde mehrmals zerstört und wieder aufgebaut. Der jetzige Bau geht auf das 17. Jahrh. zurück. Die wuchtige Travertinfassade wurde 1735 von Alexander Galilei geschaffen, der sein ganzes Können in der Vorhalle entfaltete.

35 - St. Johann im Lateran. Die Weite des Mittelschiffs beschließt ein großartiger Tabernakel, der aus der zweiten Hälfte des 14. Jahr.s stammt und den zwölf kleinere, Barna da Siena zugeschriebene Fresken schmücken. Weiter oben in zwei wertvollen Silberreliquiaren die Häupter der Heiligen Petrus und Paulus. Unter dem Tabernakel der 1367 von Urban V. (1362-1370) errichtete päpstliche Altar.

36 - Santa Maria Maggiore ist die größte aller Kirchen, die der Hl. Jungfrau geweiht sind. Sie ist die einzige römische Basilika, die trotz verschiedener Erweiterungen ihre ursprüngliche Form und ihren alten Charakter beibehalten hat.

Die Sixtinische Kapelle (Foto) wurde von dem großen Architekten Domenico Fontana (1543 - 1607). Über dem Altar des Allerheiligsten Sakraments erhebt sich das von Ricci entworfene und von vier goldüberzogenen Engeln getragene Tabernakel.

37 - Santa Maria Maggiore. Die von Fuga geschaffene Fassade besteht aus einem Säulengang mit fünf Eingängen, die durch säulendekorierte Pfeiler voneinander getrennt sind, und einer darüberliegenden Loggia mit drei großen Arkaden. Sie wird rechts vom höchsten Glockenturm Roms (romanisch) überragt.

38 – Die **Basilika Sankt Paul vor den Mauern** mit ihrem 1907 restaurierten Cosmaten-Kreuzgang von Vassalletto wird als eines der großartigsten Werke der Kunst der römischen Marmorsteinmetzen angesehen: ein wahres Meisterwerk für die Gewähltheit der Gesimse sowie die Reichhaltigkeit und kunstvolle Ausführung der Steinmetz- und Mosaikarbeiten.

39 - Die **Basilika Sankt Paul vor den Mauern.** Das fünfschiffige Innere bietet einen erhebenden Eindruck. Das Auge scheint sich fast zu verirren, wenn es die unendlichen Säulenreihen entlangsieht. Die in zwei Reihen angeordneten Alabasterfenster taucht alles in ein mystisches Licht.

Das von vier Porphyrsäulen gebildete gotische Ziborium ist ein Werk des Arnolfo di Cambio.

40 - **Luftaufnahme des Kapitols.** Der von Michelangelo für den freigebigen Papst Paul III. (1534-1549) entworfene Platz war als eine zur Stadt hin offene große Terrasse gedacht.

Auf das Kapitol gelangt man über die Concordata genannte Freitreppe, die ebenfalls ein Werk dieses großen Künstlers ist; am Fuße und am oberen Ende schmücken sie antike römische Statuen.

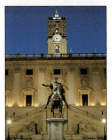

41 – In der Mitte der **Piazza del Campidoglio** ließ Michelangelo die Reiterstatue des römischen Kaisers Mark Aurel (161-180), die einzige der vielen Bronze-Reiterstatuen des antiken Roms, die auf uns gekommen ist, auf einen neuen Sockel stellen.

42, 43, 44, 45 - Die **Piazza Navona** (Circo Agonale) nimmt den Platz des Stadions von Domitian ein, das 30.000 Zuschauer fasste. Drei herrliche **Brunnen** stehen hier. Der mittlere, der **4-Flüsse-Brunnen** (Foto 44), eine «Fabel Äsops in Marmor», stammt von der Hand Berninis und bildet die Basis für den aus dem Circus des Maxentius entfernten ägyptischen Obelisken.

Die vier auf Klippen sitzenden Statuen versinnbildlichen den Nil, den Ganges, die Donau und den Rio della Plata. Die beiden anderen Brunnen hatte Giacomo della Porta zwischen 1571 und 1576 entworfen, also bevor Bernini den denkwürdigen Hauptbrunnen errichtete. Die Geschichte dieser zwei Brunnen ist voller Wechselfälle: für den ersten hatte Della Porta Tritonen-Statuen und Masken vorgesehen, die dann im Giardino del Lago in der Villa Borghese aufgestellt und hier durch Kopien aus dem 19. Jahrh. ersetzt wurden. Achtzig Jahre später etwa entwarf Bernini die Hauptstatue des Äthiopiers – nach ihr heißt der Brunnen Fontana del Moro (Foto 43) - die den Brunnen auf der Südseite des Platzes schmückt.

Im Norden, an der gerundeten Seite des Platzes, steht die Fontana dei Calderari; der Brunnen erhielt diesen Namen, weil in seiner Nähe zahlreiche Kesselschmiede ihre Werkstätten hatten. Auch dieser hatte einen Teil seiner ursprünglichen Statuen eingebüßt und erhielt erst im 19. Jahrh. seine heutige Gestalt.

Die Kirche Sant'Agnese in Agone ist ein herrliches Beispiel der Barockarchitektur. Sie wurde auf der Stelle erbaut, an der, der Legende nach, die vor ihrem Martyrium entkleidete Jungfrau von ihren durch ein Wunder wachsenden Haaren bedeckt wurde. Die Kirche ist ein Werk des G. Rainaldi und des Borromini. In den unterirdischen Gewölben sind noch Reste der ursprünglichen Kirche und des Stadions des Domitian zu sehen.

46, 47, 48 - Die Fontana di Trevi. Der Brunnen ist nicht nur seines ausgezeichneten Wassers, sondern auch der Tradition wegen berühmt, nach der jeder, der aus ihm trinkt oder eine Münze in das Becken wirft, später wieder einmal nach Rom zurückkehren wird. Er bildet die Fassade eines großen Palastes und ist mit Statuen und Reliefs geschmückt. Aus den unteren Felsengruppen sprudelt überall Wasser hervor. Der Brunnen wurde vom Architekten Salvi (1735) unter Clemens XII. errichtet und von verschiedenen Künstlern der Schule Berninis dekoriert.

Es wird erzählt, dass Soldaten Agrippas (1. Jahrh. n. Chr.), als sie sich auf dem Land in der Nähe der Via Collatina befanden, Wasser suchten und ein Mädchen trafen, das ihnen die Quelle mit diesem klaren Wasser zeigte. Daher wurde es «Acqua Vergine» (Jungfrauenwasser) genannt. Diese Begebenheit ist im Relief rechts dargestellt. Dasjenige links zeigt Agrippa, wie er Augustus den Plan erklärt, um das Wasser nach Rom zu leiten.

In der Mitte sehen wir die Statue des Okeanos (Foto 48) auf einer von Seepferden gezogenen muschelförmigen Kutsche, in den Seitennischen der Überfluss (links) und die Gesundheit (rechts), beides Werke von Filippo Della Valle.

49, 50 – **Museo Borghese**. Zwei Jugendarbeiten von Gian Lorenzo Bernini (1598-1680).

Apoll und Daphne (rechts, Foto 50) vollendete Bernini 1622 und ist der Triumph seiner Bildhauerkunst, und der **Raub der Proserpina** (links, Foto 49); Bernini wurde zu den beiden Gruppen von dem lateinischen Dichter Ovid inspiriert.

51, 52, 53 – **Piazza di Spagna** und **Spanische Treppe**. Das Erste, was uns hier bezaubert, ist die gewaltige, breite Treppe, die 1722 angelegt wurde, über der die **Kirche Santissima Trinità de' Monti** von 1495 mit ihren beiden Kuppeln thront und vor ihrer Fassade ein ägyptischer Obelisk, der 1789 in den Gärten des Sallust aufgefunden wurde. In der Kirche finden wir ein Meisterwerk von Daniele da Volterra, die berühmte Freske der Kreuzabnahme.

Die von Francesco da Santis angelegte Treppe (Beginn der Bauarbeiten 1732) hat 138 Stufen.

Am Fuß der Treppe befindet sich der anmutige **Barcaccia-Brunnen** von Pietro Bernini (Foto 53), dem Vater des berühmten Gian Lorenzo, der ihn um das Jahr 1629 vermutlich gemeinsam mit seinem bekannten Sohn schuf. Der Überlieferung nach soll Papst Urban VIII. Barberini den ungewöhnlichen Brunnen in der Gestalt eines halb untergegangenen Bootes zum Gedenken an einen Lastkahn gewollt haben, das bei der großen Überschwemmung des Jahres 1598 auf dem Platz gestrandet war. In Wirklichkeit entsprang die Idee, ein untergehendes Boot dazustellen, der Genialität Berninis, der ein technisches Problem lösen musste: an dieser Stelle war nämlich der Druck des Virgine-Aquädukts recht schwach und der Brunnen sollte unter dem Grundspiegel angelegt werden.

54 - Der **Triton-Brunnen** auf der Piazza Barberini. Der barocke Brunnen, der 1642 in der Mitte des Platzes vor dem Palazzo Barberini errichtet wurde, ist eine luftige, überaus geglückte Sythese und eines der Meisterwerke Gian Lorenzo Berninis. Der Triton, der dem Brunnen seinen Namen gibt, wird von vier blasenden Delphinen in einer Muschel getragen, um der Welt den Ruhm der Adelsfamilie Barberini zu künden.

55 - Der prächtige Palazzo Farnese an dem gleichnamigen Platz, wurde unter Paul III. nach einem Entwurf von A. da Sangallo dem Jüngeren begonnen und unter Michelangelos Leitung vollendet, dem das herrliche Kranzgesims, das Mittelfenster der Fassade und ein Teil des Hofes zu verdanken sind. Das Gebäude wurde 1908 vom französischen Staat erworben, der schon vorher darin seine Gesandtschaft beim Quirinal hatte.

56 - Palazzo Montecitorio, Sitz des Abgeordnetenhauses. Mit seinem Bau wurde Bernini, von dem die schöne, nach außen gewölbte barock Fassade stammt, 1653 von Papst Innozenz X. beauftragt. 1694 nahm Carlo Fontana im Mittelteil der Fassade bedeutende Eingriffe vor. Der Plenarsaal des Parlaments und der rückwärtige Teil des Gebäudes sind das Werk des Architekten Ernesto Basile (1903-1927).

57 - Die Piazza del Popolo wurde von Valadier zu Anfang des 19. Jahrhunderts entworfen. Der weite Platz ist prächtig und in vollendeter Symmetrie angelegt. In seiner Mitte erhebt sich der zweite Obelisk, der von Augustus nach Rom gebracht und hier unter Sixtus V. von Fontana aufgestellt wurde.

58 - Piazza del Popolo, Brunnen und Marmorlöwen aus dem 19. Jahrh. umgeben den ägyptische Obelisk. Im Hintergrund die beiden Barockkirchen Santa Maria dei Miracoli und Santa Maria di Montesanto, die den Zugang zur Via del Corso bilden.

59 - Via Giulia. Sie wurde zu Beginn des 16. Jahrh.s nach Plänen des Bramante von Papst Julius II. anstelle der winkligen Straßen angelegt, die den Vatikan mit dem Kapitol verbanden.
Die mit Efeu überwachsene Farnese-Galerie, ein weiter Bogen verleiht dieser Straße ein romantisches Aussehen. Sie wurde 1603 errichtet, um über die Straße hinweg den Palazzo Farnese mit einigen gegenüberliegenden Gebäuden zu verbinden.

60 - Der Gianicolo (Janushügel), von dem aus man das schönste Panorama der Stadt genießt. Über der welligen Landschaft der Dächer heben sich gegen den fernen Hintergrund eines Amphitheaters von Bergen die Kuppeln Roms ab, während der Tiber mit seinen Schleifen das Stadtbild unverwechselbar prägt.

61 - Der 1901 eingeweihte Najadenbrunnen, ein Werk von Mario Rutelli; die vier zu realistisch dargestellten nackten Bronzenymphen erregten ziemlichen Skandal. In der Mitte der Meeresgott Glaukos besiegt die feindlichen Naturgewalten.

62 - Platz der Republik, früher Piazza Esedra (halbrund), weil er sich an die antiken Diokletian-Thermen mit seiner halbrunden Form angleicht. Er wurde während der Umgestaltung Roms zur Hauptstadt des vereinigten Italiens angelegt.

63, 64, 65 - Die Piazza Venezia, das Herz Roms und somit Italiens, hat ihren Namen nach dem Palazzo Venezia, den der aus Venedig stammende und kunstliebende Papst Paul II. (1464-1471) im Jahre 1455 erbauen ließ, als er noch Kardinal war.

Das Denkmal Viktor Emanuels II. (auch Viktorianum genannt) wurde von Giuseppe Sacconi (1885-1911) entworfen. Es ragt am Fuß des Kapitols empor, im Herzen Roms, wo es durch seine imposante Größe die ehemaligen Beziehungen zwischen diesem Hügel und seiner Umgebung verändert hat. Der venezianische Bildhauer Chiaradia arbeitete 20 Jahre am Reiterstandbild des Königs, das erst nach seinem Tod von Gallori fertiggestellt wurde (1901). Die mächtigen Reliefs des unteren Teils stellen die bedeutendsten Städte Italiens dar und wurden von Maccagnani entworfen, der Jahre hindurch mit Sacconi zusammen an den plastischen Ausschmückungen arbeitete. Die zwei riesigen Viergespanne mit den geflügelten Siegesgöttinnen aus dunkel gewordener Bronze stechen weithin sichtbar vom weißen Marmor ab. Sie wurden 1908 von Carlo Fontana und Paolo Bartolini ausgeführt. In der Mitte erhebt sich der Altar des Vaterlandes. Unter der Statue der Roma befindet sich seit 1921 das Grab des Unbekannten Soldaten.

66 - Campo de' Fiori ist heute noch ein typischer Winkel des alten Roms, wo täglich ein lebhafter Markt abgehalten wird.

67 - Der Campo de' Fiori ist der Platz, auf dem im päpstlichen Rom die Todesstrafen vollzogen wurden.
Am 17.Februar 1600 wurde hier der vom Päpstlichen Tribunal der Häresie beschuldigte Dominikaner Giordano Bruno auf dem Scheiterhaufen verbrannt. Das dem Philosophen gewidmete Denkmal in der Platzmitte des ist eine Arbeit von Ferrari (1887).

68 - Ein charakteristischer Winkel der Stadt, in dem traditionelle Handwerke in scheinbarem Kontrast zu einer modernen Metropole zusammen leben.

69 - Villa Borghese. Im trautesten Teil des Giardino del Lago spiegelt sich das 1787 errichtete klassizistische Äskulap-Tempelchen im tiefgrünen, von Bäumen überschatteten Wasser.

70 - Der kleine See im EUR mit dem von M. Piacentini und L.P. Nervi für die Olympischen Spiele 1960 erbauten Palazzo dello Sport im Hintergrund.

71 - Der Palazzo dei Congressi im Viertel EUR, der zwischen 1938 und 1943 entstand, wird wegen seiner 216 Arkaden in den vier großen Fassaden gemeinhin das "quadratische Colosseum" genannt. Die Dioskuren zu beiden Seiten der zwei Freitreppen sind ein weiterer und offensichtlicher Verweis auf die Architektur des antiken Roms.

72 – Ein eindrucksvolles Panorama Roms bei Sonnenuntergang von der Terrasse des Pincio, von der aus man einen großartigen Blick genießt: in der Ferne erkennt man die Umrisse der Peterskirche und des Vatikans, die von der den Horizont beherrschenden Kuppel Michelangelos überragt werden.